KLEINE MALSCHULE — MALEN MIT AQUARELLFARBEN — 1

Einführung

Leslie Worth

Einführung

Aquarellfarben sind, wie der Name andeutet, in Wasser angeriebene und mit einem Bindemittel, wie Gummi arabicum, vermischte Pigmente. Das Malen mit Wasserfarben ist eine der ältesten vom Menschen entdeckten Kunstformen. Seine verschiedenen Methoden sind über Jahrhunderte hinweg bis auf den heutigen Tag bewahrt worden, und ihr Gebrauch stößt auf ein neuerwachtes Interesse.

Aquarellmalerei ist im wesentlichen eine Kunstform des kleinen Formats, doch sie besitzt eine reiche und persönliche Ausdrucksfähigkeit. Es ist wichtig, ihre Begrenzungen zu erkennen und diese vorteilhaft zu nutzen. Aquarellfarben erfordern nüchternes Denken und Spontaneität des Handelns sowie das Erkennen der Ausgewogenheit zwischen ausgedehnten Farbflächen und linearem Muster und auch des Gegensatzes zwischen durchsichtigen, dünn aufgetragenen Farben und deutlichen, entschlossenen Pinselstrichen. Wasser ist sowohl wesentlicher Bestandteil der Farben als auch das Medium, mit dem die Farben aufgetragen werden – und um das Material erfolgreich anwenden zu können, muß man lernen, das empfindliche Gleichgewicht zwischen Wassergehalt und der mit dem Pinsel aufgenommenen Pigmente zu beherrschen. Viele glauben, dies bedeute einen vollen Pinsel und Fluten von Wasser auf dem Papier, und „je nasser desto besser". Das ist falsch. Wenn man lernt mit dem Material umzugehen, ist es besser, dünne, magere Farbmengen mit dem Pinsel aufzunehmen und gerade eben ausreichende Wassermengen zu benutzen. Mit wachsender Erfahrung kann der Wassergebrauch gesteigert werden.

Jeder, der mit Aquarellfarben malt, erkennt bald, daß sie ihre eigenen Gesetze haben, die man zwar ausnutzen, aber kaum vollständig unterdrücken kann. Die wäßrigen Farben unterliegen der Schwerkraft und rinnen über das Blatt nach unten, wenn es zum Malen aufgestellt worden ist; nasse Flächen verlaufen ineinander; und je nach Luftfeuchtigkeit trocknen die Farben sehr schnell oder überhaupt nicht. Jeder Aquarellmaler muß lernen, die Farben im voraus einzuschätzen und berücksichtigen, daß sie heller werden, wenn das Wasser verdunstet.

Aber wenn Sie mit ihnen umzugehen gelernt haben, werden Sie entdecken, daß die Aquarellfarben eine Schönheit und innere Poesie besitzen, die von keinem anderen Ausdrucksmittel der Malerei erreicht wird. Sie sind wie geschaffen dafür, die Stimmungen und flüchtigen Launen von Licht und Farbe einer Landschaft wiederzugeben, und ihre Unmittelbarkeit und zarte Empfindsamkeit sind ideale Eigenschaften, um diese fliehenden Augenblicke einzufangen, welches schwerfälligeren Medien versagt ist.

Der besseren Klarheit wegen, und um die praktischen Schwierigkeiten zu vermindern, wurden die aufeinanderfolgenden Stufen in jedem Beispiel einzeln für sich gemalt. Scharfäugige Leser werden kleinere Abweichungen zwischen ihnen entdecken – ich hoffe, sie werden ein Nachsehen haben und sich mehr auf die wesentlichen Prinzipien konzentrieren, die gezeigt werden. Verzweifeln Sie nicht, wenn Ihnen am Anfang viel mißlingt: Es ist noch kein Meister vom Himmel gefallen: Übung macht den Meister.

Pinsel

Die besten und traditionell gebräuchlichsten Pinsel für die Aquarellmalerei werden aus Marderhaar hergestellt. Sie sind teuer, aber weich und elastisch und behalten bei guter Pflege ihre Form. Zu empfehlen sind Kolinsky-Rotmarderhaarpinsel.
Rindsohrhaarpinsel sind billiger als die aus Marderhaar. Sie sind gröber, doch ausreichend elastisch und können für weniger zarte Bildpassagen benutzt werden.
Fehhaarpinsel (vom Schweif ausländischer Eichhörnchen) sind noch billiger. Sie sind weich und zu schlapp; ich halte sie für unzureichend.

Pinselkauf
Kaufen Sie sich so gute Pinsel wie Sie sich leisten können, die Preise richten sich nach der Qualität. Beim Auswählen eines Pinsels sollten Sie den Verkäufer um ein Glas Wasser zum Anfeuchten der Pinselspitze bitten. Wenn Sie danach dem Pinsel einen leichten, schnellen Schlag versetzen, formen sich die Haare eines guten Pinsels sofort zu einer gleichmäßigen, glatten Spitze, wenn nicht, sollten Sie ihn zurückweisen und einen anderen wählen.
Für den Anfang reichen einige gute Pinsel in den Größen 00, 4, 7, 8, 10 oder 12 vollkommen.

Pinselpflege
Bei guter Pflege wird ein guter Pinsel Jahre halten. Die Befolgung einiger Ratschläge wird Ihnen dabei helfen:
1. Behandeln Sie Ihre Pinsel mit Vorsicht; vermeiden Sie unbedingt, mit ihnen auf dem Papier zu scheuern.
2. Nach jedem Gebrauch sollten Sie die Pinsel gründlich in sauberem Wasser spülen. Die Öffnung des Beschlages darf nicht von Pigment verklumpt sein.
3. Wenn ein Pinsel sehr verfärbt worden ist, kann man ihn mit gutem Spülmittel reinigen und ihn dann gründlich nachspülen.
4. Nach dem Spülen sollten Sie jeden Pinsel mit den Fingerspitzen oder – wenn er gut gesäubert ist – mit den Lippen formen und mit der Spitze nach oben zum Trocknen beiseite stellen.
5. Feuchte Pinsel sollten nie längere Zeit in einem verschlossenen Behälter aufbewahrt werden.
6. In einem speziellen Pinselkasten, in dem die Pinsel festgeklemmt werden können, lassen sich die empfindlichen Spitzen während des Transports am besten schützen.
Wenn Sie diese Ratschläge befolgen, werden Ihre Kosten gerechtfertigt sein.

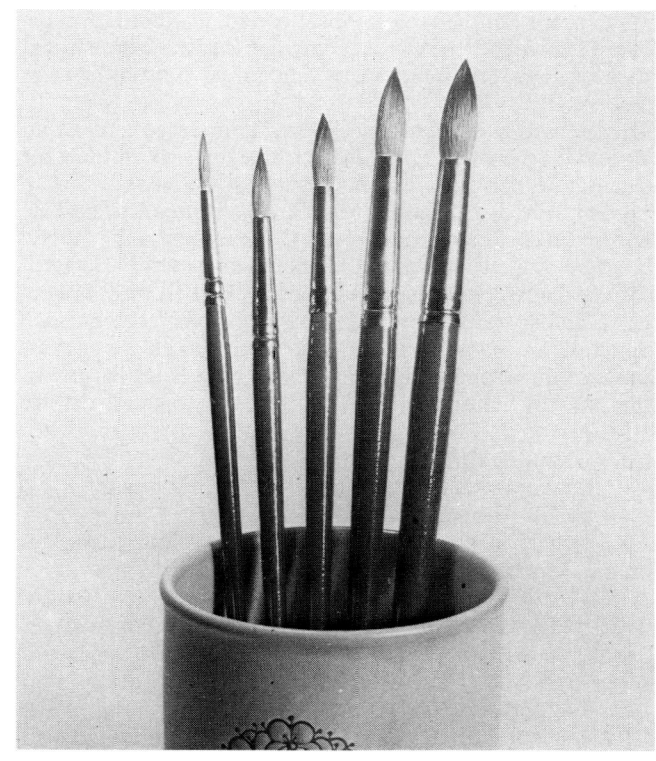

Einige gute Pinsel von der Größe 00, 4, 7, 8 oder 10 reichen aus.

Farben

Aquarellfarben sind in Wasser angeriebene Pigmente, die mit einem Bindemittel (Gummi arabicum, Dextrin, Tragant) versehen sind. Sie enthalten außerdem Glyzerin, um sie feucht zu halten, und ein Netzmittel.
Sie werden in Näpfchen und Tuben verkauft. Tiegel sind sehr zweckmäßig, da die Farbaufnahme gut dosiert werden kann; ich verwende sie am häufigsten. Tubenfarben werden zu einer etwas flüssigeren Konsistenz angerieben. Sie sind zweckmäßig für Künstler, die eine größere Menge Farben verbrauchen, doch sind sie weniger leicht dosierbar.
Die Kuchen sind kleine, rechteckige Blocks solider Farbe und müssen mit dem feuchten Pinsel gerieben werden, um die Farbe freizugeben. Sie werden von den Puristen vorgezogen, aber weniger erfahrene Maler finden sie umständlich im Gebrauch.
Aquarellfarben werden in zwei Qualitäten verkauft, für Schüler und für Künstler, und natürlich spiegelt sich im Preis die Qualität wieder. Ich empfehle dringend, die Künstlerfarben zu benutzen; die Sattheit der Farben, die Haltbarkeit und die Zartheit rechtfertigen die höhere Geldausgabe.
In guten Künstlermaterialgeschäften kann man Farbkarten erhalten, aus denen das Sortiment an Farben und ihre relative Transparenz hervorgeht. Es ist empfehlenswert, daß Sie diese Karten aufmerksam studieren, ehe Sie die Farben kaufen. Ein Grundsortiment von acht oder neun Farben ist alles, was Sie benötigen; Ihre Palette könnte folgende Farben umfassen:
Gelb: Zitronengelb, Siena natur.
Rot: Permanentrot hell, Zinnoberrot, Alizarin dunkel.
Blau: Preußischblau, Kobaltblau, Indigo.
Als Hilfsfarben schlage ich vor: Orange, Sepia, Siena gebrannt, Violett.

Gouachefarben, z.B. Plakat-Tempera, sind deckende Wasserfarben, sie werden für körperhaftes, deckendes Malen benötigt und bilden gewissermaßen den Gegensatz zu den transparenten Aquarellfarben. Für einige Flächen, wo etwas Deckfähigkeit erforderlich ist, etwa eine bestimmte Farbe an einem weit entfernten Himmel, empfehle ich Deckweiß.

Eine Mischskala

Ich habe die acht Farben (s. S. 5, 2. Reihe von oben) mit der Absicht ausgewählt, eine möglichst große Leistungsfähigkeit Ihrer Palette zu erreichen. Selbstverständlich ist die Wahl der Grundfarben eine Frage des persönlichen Geschmacks, und vielleicht nehmen Sie allmählich Änderungen vor.
Ich habe die acht Farben (1 bis 8) in senkrechten Balken dargestellt, beginnend in der 2. Reihe von oben in fast voller Sättigung, sodann in der 4. und 6. Reihe verdünnt bis zu sehr blassen Tönen. Das allein ergibt schon eine Vielzahl verschiedener Farbtöne. Links davon sind vier Farben dargestellt (A: Preußischblau; B: Alizarin dunkel; C: Zinnoberrot; D: Zitronengelb). Welch eine überaus reiche Auswahl man durch Mischen dieser Farben mit den Farben 1 bis 8 erhält, sehen Sie in den Reihen 1, 3, 5 und 7.
Es wäre nützlich, wenn Sie eine ähnliche Skala mit anderen Farben herstellten, um zu sehen, wie weitere Farben beim Mischen miteinander reagieren.

Farbschlüssel
1. Zitronengelb: ein scharfes, klares Gelb, ziemlich ruhig in der Wirkung.
2. Siena natur: ein wichtiges Erdgelb, wärmer und nicht so trüb wie das mit ihm verwandte Lichter Ocker.
3. Permanentrot hell: ein zartes, leicht erdiges Rot, das in den ruhigsten Passagen gebraucht werden kann und doch voller vibrierender Energie steckt, wenn es ungemischt ist.
4. Zinnoberrot: eine scheinbar brillante Farbe, die in Wahrheit sehr ruhig ist.
5. Alizarin dunkel: ein kräftiges Purpurrot, das manchmal nützlich sein kann, doch mit Vorsicht verwendet werden sollte, da es leicht in anderen Farben verläuft.
6. Preußischblau: ein schönes, kühles, zartes Blau, ruhig trotz scheinbarer Schärfe. Gemischt ergibt es klare Grüntöne und feine Grautöne.
7. Kobaltblau: eine moderne Farbe, kräftig und vibrierend, liegt etwa zwischen Preußischblau und Ultramarin.
8. Indigo: ein alter Klassiker mit großer Reichweite, in allen Stufen von fast Schwarz bis zu sanftem Grau.
Sie werden vielleicht festgestellt haben, daß die Palette kein

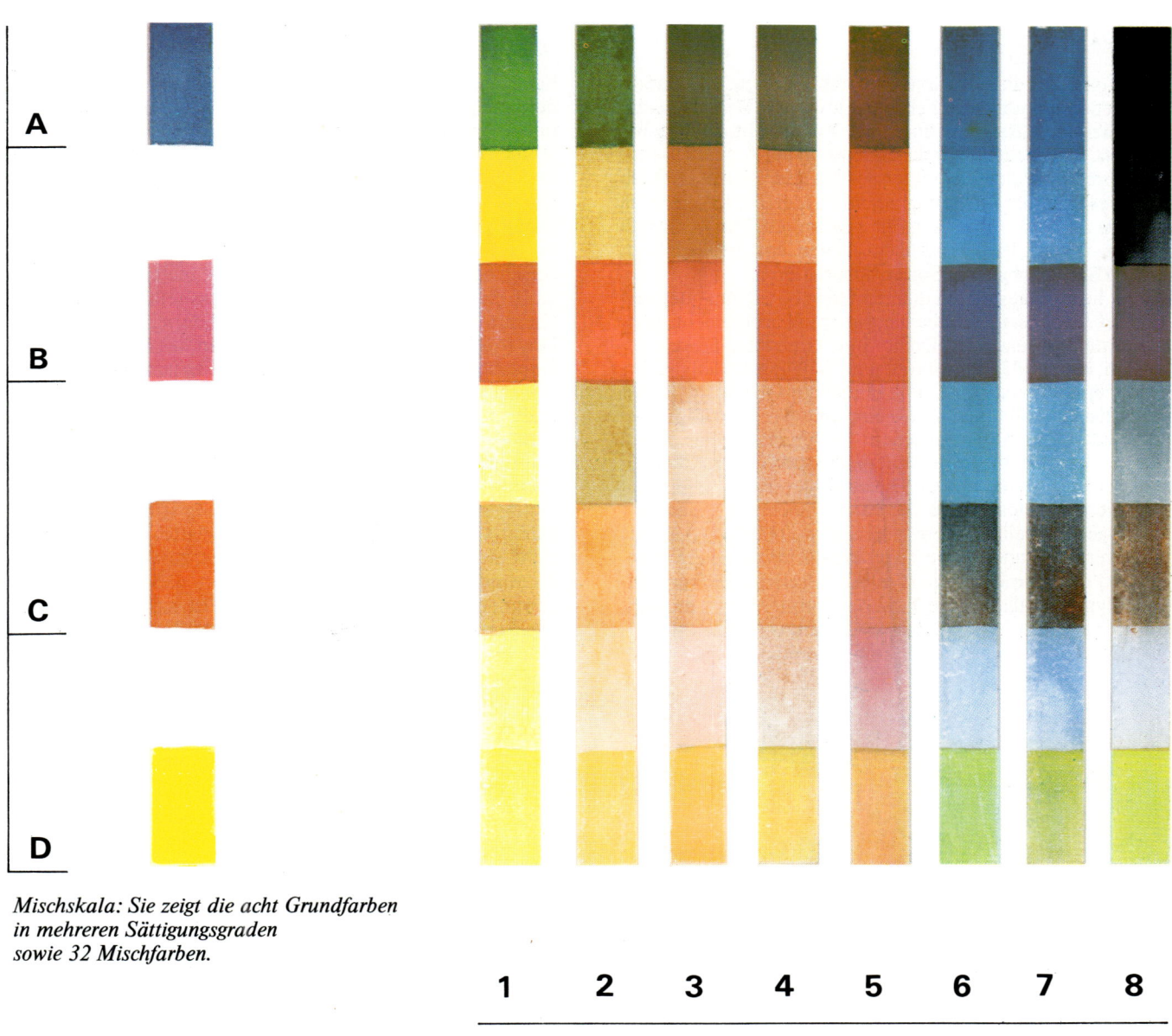

Mischskala: Sie zeigt die acht Grundfarben in mehreren Sättigungsgraden sowie 32 Mischfarben.

Grün enthält. Ich finde, daß grüne Aquarellfarben im allgemeinen nicht zufriedenstellen und an Dichte mangeln. Die Mischtabelle zeigt aber, wie mehrere Grüntöne durch Mischen von verschiedenem Blau und Gelb entstehen können.

Ferner muß darauf hingewiesen werden, daß gleiche Grundfarben bei verschiedenen Herstellern verschiedene Namen haben können. Auch können Farbabweichungen drucktechnisch bedingt sein.

Papier

Das Papier, auf dem Sie aquarellieren, wird Ihr Bild stärker als irgendein anderes Zubehör beeinflussen. Sein charakteristisches Verhalten, das durch die Art der Herstellung bedingt ist, entscheidet über den Spielraum der Ausdruckskraft und somit über den Charakter des fertigen Bildes. Deshalb ist es erforderlich, die Beschaffenheit der Papiersorten zu kennen und seine Wahl sorgfältig zu treffen. Um herauszufinden, welche Papieroberfläche Ihnen am meisten liegt, sollten Sie verschiedene Sorten ausprobieren.

Papier besteht aus einem dichten Gewebe miteinander verschlungener Fasern, welche die winzigen Farbpigmente festhalten und, je nach der Dichte und Unregelmäßigkeit der Fasern, dem Bild Leuchtkraft und Vitalität verleihen. Im allgemeinen bringt eine unregelmäßige Oberfläche einen lebendigeren Effekt hervor als eine glatte, regelmäßige.

Natürlich können Sie auf jedem Papier malen, das Ihrem Zweck dient, doch es gibt Papiere, die speziell für Aquarellmalerei hergestellt werden. Diese werden während der Fabrikation so geleimt, daß die Farbe gleichmäßig über die Oberfläche verteilt werden kann und weitere Lagen aufgebaut werden können, ohne zuviel an Leuchtkraft zu verlieren. Die Art des Leimens variiert selbst zwischen Papieren gleichen Typs – so daß Sie auch hier experimentieren müssen, um die jeweiligen Verhaltensmuster herauszufinden.

Aquarellpapiere werden in zwei Hauptsorten eingeteilt, handgeschöpfte und maschinell hergestellte. Ein Merkmal des handgeschöpften Papiers ist eine individuelle und relativ unregelmäßige Oberfläche. Natürlich ist es sehr teuer. Maschinell hergestelltes Papier hat eine regelmäßige Oberfläche und ist billiger, es ist auch für unsere Zwecke völlig ausreichend.

Daneben gibt es für die Aquarellmalerei auch Malkarton in verschiedenen Größen. All diese Malgründe werden mit verschiedenen Oberflächen hergestellt: matt, rauh und extra rauh. Sie werden nach Gewicht eingeteilt, und zwar in Gramm je Quadratmeter, z. B. 150 g oder 635 g.

Um Kräuseln zu vermeiden, muß man das Papier vor dem Gebrauch strecken. Tauchen Sie das gesamte Blatt einige Minuten in kaltes Wasser, und legen Sie es flach auf eine kräftige Platte. Das überschüssige Wasser sollten Sie mit einem sauberen Löschblatt entfernen (aber nicht reiben!). Dann klebt man das Blatt ringsherum mit einem breiten Klebestreifen (wie er zum Verpacken gebraucht wird) auf die Platte, so daß etwa ein Drittel der Breite auf dem Aquarellpapier klebt und zwei Drittel auf der Platte. Beim Trocknen zieht sich das Papier beinahe so fest zusammen wie ein Trommelfell. Sie sollten darauf achten, daß die Platte vollkommen flach liegt; wenn sie geneigt ist, sickert das Wasser nach unten, das Papier trocknet ungleichmäßig und kann sich von der Platte lösen.

Das Lasieren

Lasieren ist Grundlage für die traditionelle Technik der transparenten Aquarellmalerei. (Gemeint ist damit das Auftragen von verhältnismäßig dünnen Farben, die den Malgrund noch etwas durchscheinen lassen.) Angewendet im richtigen Gleichmaß zwischen Wasser und Pigment, mit Farben, die entweder flach nebeneinander oder sich überlappend, abgestuft nach Sättigungsgraden, oder vermischt miteinander aufgetragen werden, ist das Lasieren die Grundlage, auf der jedes Aquarell aufbaut.

Diesem Thema haben wir ein eigenes Heft gewidmet: „Malen mit Aquarellfarben 2, Lasieren".

Malanleitung

Größe: 200 x 200 mm; Papier: 135 g, rauh; Pinselgröße: 7 und 10, Marderhaar; Arbeitszeit: 2 Std.; Farben: Siena natur, Hellrot, Preußischblau, Indigo.

Im Grunde bilden die Farben ein komplementäres Schema: warm/kalt – Gelb/Blau. Die Mischungen liefern die unterstützenden, abändernden oder mildernden Farbwerte.

Die Basis ist ein abgestufter, dünner Auftrag von Blau und Gelb, über den kleinere Flächen von Mischungen aus Blau + Gelb, Gelb + Rot oder Variationen dieser drei Farben Blau + Gelb + Rot gelegt werden. Manchmal verlaufen die Flächen miteinander in weiche Passagen, wie in der entfernten Unterkante der Wolke oder dem Schatten im Vordergrund.

Farbschlüssel
a) Unbemaltes Papier.
b) Siena natur, das in nasse Flächen der Wolke gemalt wird und nach unten den gesamten Boden bedeckt.
c) Preußischblau, ungemischt für den Himmel, über wärmere Partien im unteren Bildteil gemalt, oder auf der Palette mit Siena natur gemischt und für die dunkleren Wolken links gebraucht.
d) Preußischblau in doppelter Sättigung, das einen ersten Auftrag überdeckt oder vermischt wird.
e) Hellrot, abgeändert mit einer gewissen Menge Blau. Die See ist eine Mischung aus Indigio mit ein bißchen Hellrot. Beachten Sie bitte, wie sekundäre Farbwerte durch Übereinanderlegen von Komplementärfarben oder direktes Mischen erzielt werden. Nebenbei: Gelb, das über Blau gemalt wird, zeigt ein anderes Resultat als Blau über Gelb. Dieses Prinzip kann für große Wirkung und Mannigfaltigkeit genutzt werden.

Sie dürfen aber nicht vergessen, daß es unmöglich ist, alles bei der Aquarellmalerei vorauszusehen, wenn es auch wichtig ist, mit einer vorhergeplanten Anzahl Farben zu arbeiten. Deshalb sollten Sie die sich zufällig ergebenden Passagen und unerwarteten Farbharmonien mit verarbeiten – und ihnen dankbar sein!

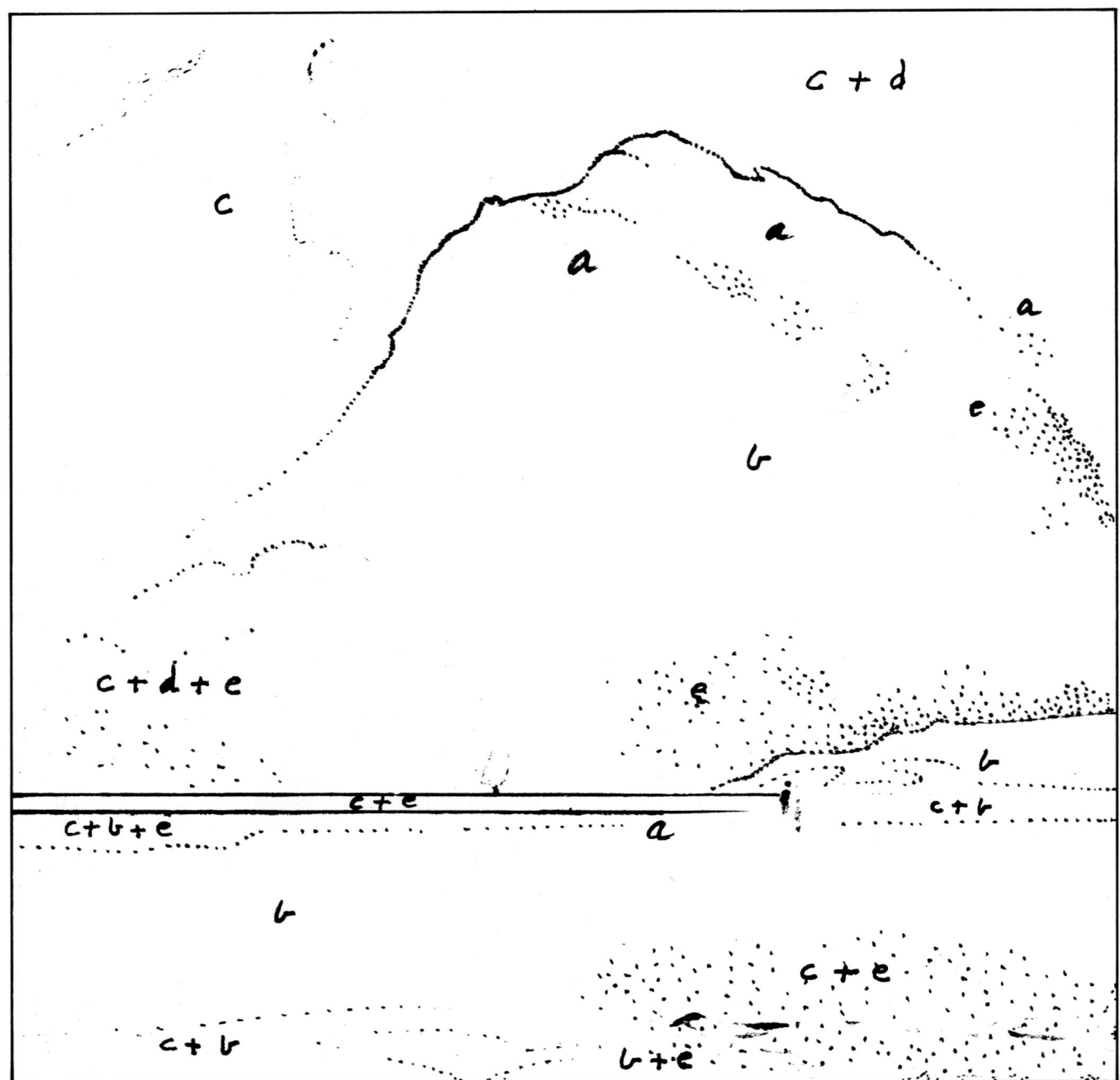
Die Zeichnung zeigt den Farbenplan des gegenüberliegenden Bildes. Den Schlüssel finden Sie auf S. 7.

Der Strand: ein Beispiel für die Lasiertechnik.

Meer und Himmel

Wegen der offensichtlichen gegenseitigen Abhängigkeit dieser beiden Elemente habe ich sie in einer Malanleitung zusammengefaßt.

Der Himmel
Der Himmel, die Quelle allen Lichtes, ist ein wesentlicher Bestandteil des Bildes und trägt eine beherrschende Rolle. Durch sein Erscheinungsbild legt er die Stimmung eines Bildes fest, sei es friedvoll oder stürmisch, aufmunternd oder bedrückend.
Er kann sehr kompliziert aufgebaut sein, daher ist es wichtig, daß Sie ihn sorgfältig beobachten, um eine Art Grundstruktur zu entdecken. Wenn Sie sich einfach an die Arbeit machen und versuchen wollen, das wiederzugeben, was Sie sehen, ohne den Gegenstand zu analysieren und ohne ihn zu übersetzen im Sinne dessen, was das Medium leisten kann, werden Sie bald unüberwindlichen Schwierigkeiten gegenüberstehen. Natürlich bestimmen grundlegende technische Rücksichten, wie Sie malen. Zum Beispiel können Sie nur folgendermaßen vorgehen: 1. von hellen zu dunklen Partien; 2. vom oberen Teil des Blattes nach unten (weil wäßrige Farben nach unten sickern); 3. von relativ großen und einfachen Flächen zu mehr detaillierten.
Sehen Sie sich den Himmel aufmerksam an, und beachten Sie, wo die Sonne steht, wohin der Wind weht, die Bewegung der Wolken, die Veränderung der Farbtöne usw. Seien Sie wählerisch, und versuchen Sie, zu vereinfachen.

Das Meer
Nach den gleichen grundlegenden Prinzipien sollte das Meer gemalt werden. Nach dem physikalischen Gesichtspunkt betrachtet, fängt das Meer dort an, wo der Himmel aufhört; doch ergibt dies stets eine weniger scharfe Trennlinie, als man sich vorstellt. Der Horizont kann 8 km oder weniger entfernt sein, je nach der herrschenden Sicht und dem Standpunkt des Betrachters.
Die See ist eine spiegelnde Oberfläche; welche Farben des Himmels sie wiedergibt, hängt von ihrer Bewegung ab. Die Veränderung der Oberfläche, die Schatten von Wellen usw. sollten Sie nicht überbetonen. Für sehr helle Flächen, wie etwa brechende Wellen, können Sie weißes Papier aussparen oder, wenn sie klein sind und isoliert liegen, mit einem scharfen Messer auskratzen.
Die Wasseroberfläche ist nicht überall gleich durchscheinend. Nahe dem Strand, wo das Wasser flach ist, beeinflußt der unterliegende Seeboden die Farbe, oft ist sie hier von einem satten Grün. Weiter draußen ist die Farbe dunkler und verändert sich, manchmal unmerklich, von links nach rechts.

Malanleitung

Größe: 180 x 180 mm. Papier: 135 g, rauhe Oberfläche; Pinselgröße: 7, 10, Marderhaar; Arbeitszeit: etwa 2 Stunden.

1. Stufe
Legen Sie die Stimmung des Bildes jetzt bereits fest. Da er die Quelle des Lichtes ist, bildet der Himmel das wichtigste Element. Tragen Sie weiche, verdünnte Farben auf, die hell und luftig wirken sollen, und versuchen Sie, das Gefühl einer weiten Räumlichkeit hervorzurufen. Die benutzten Farben sind Siena natur, Indigo, Preußischblau und Sepia.

2. Stufe
Als nächstes sollten Sie das Meer und den Strand stärker hervorheben. Dann den Himmel kräftigen mit etwas dichterer Farbe, doch müssen Sie vorsichtig sein, damit er nicht zu schwer wird. Befeuchten Sie den Horizont rechts, damit die kräftigeren Töne der linken Seite verlaufen können.

3. Stufe
Um den Himmel zu vollenden, müssen Sie nun die Papieroberfläche mit einem weichen Schwamm befeuchten und die klarblaue Fläche hinzufügen. Die Farbe sollte nach unten schwächer, blasser werden. Dem Kamm der sich brechenden Welle können Sie eine deutlichere Kontur geben, indem Sie mit einem scharfen Federmesser die unregelmäßig verlaufende Farbkante geradekratzen. Aber sehr vorsichtig sein, da sonst die Papieroberfläche beschädigt werden kann.

4. Stufe
Durch die Andeutung des Landrückens im Hintergrund rechts bekommt das Bild mehr Tiefe. Eine dunklere Linie in mittlerer Entfernung schafft die nächste heranrollende Welle. Malen Sie nun einige dunklere Flächen in die brechende Welle und den Strand im Vordergrund. Man muß sich jedoch davor hüten, die Farbtöne dieser Einzelheiten zu übertreiben.

5. Stufe
Das Bild ist fast fertig; nur wenig wird noch eingefügt. Erst jetzt wenden Sie sich den Figuren und der Möve zu. Berücksichtigen Sie ihr Größenverhältnis und die Tönung, und malen Sie sie auf trockenem Papier, um ihnen scharfe Konturen zu geben. Nun noch einige Details am Strand hinzumalen, einige Lichtstreifen im Vordergrund mit dem Messer herausschaben, und das Bild ist fertig.

Stufe 1

Stufe 2

Stufe 3

Stufe 4

5. Stufe – das fertige Bild.

Landschaft

Dieses Aquarell wurde am Rande der Kalkhügel von Surrey gemalt, mit dem Blick nach Nordwest. Es war ein heller, frischer Morgen Anfang März mit einem kalten, westlichen Wind (von links nach rechts im Bild), einer ziemlichen Menge sich bildender Haufenwolken und einer Andeutung kommenden Regens.

Bildvordergrund

Ich wurde durch das silbrige Licht über der Landschaft, das scharf und doch zart im Ton war, und das Funkeln der Lichtakzente in den Nadelbäumen und auf den Häusern im Mittelgrund angezogen.
Das Bild ist auf ein einfaches Muster kontrastierender, komplementärer Farben angelegt. Das Feld und der Vordergrund bestehen aus warmen Gelbtönen, Siena natur, Orange, Kobaltblau, Violett. Den kalten Himmel und die Hügel in der Ferne habe ich hauptsächlich mit Blautönen (Indigo, Kobaltblau, Violett) und ein wenig Hellrot dargestellt.
Beachten Sie bitte, daß die Farbmischungen hergestellt wurden, indem jeder Farbgruppe die Komplementärfarbe als milderndes Element hinzugefügt wurde. So werden z. B. im Feld und im Vordergrund das warme, dominierende Siena und Orange durch Blau und Violett verändert.

Der Mittelgrund

Die Bäume und Häuser liefern das wichtigste gegenständliche Interesse. Hier sind die Farben Mischungen aus warmen und kalten Tönen und liegen zwischen den großen, gegensätzlichen Flächen von Gelb/Blau, also Erdboden/Himmel. Die Farbmischungen (von den oben aufgeführten Farben) sind sanft und eng benachbart und werden nur durch die kalten und dunklen Akzente der Nadelbäume sowie die hellen Formen der Pferde im entferntesten Teil des Feldes unterstützt.

Himmel

Selbst an einem klaren Tag hat der Himmel selten ein gleichmäßiges Blau. Die Luftfeuchtigkeit, der Winkel der Sonne usw. rufen Veränderungen hervor vom Zenit bis zum Horizont, von links nach rechts, je nach Tageszeit, Wetter und Blickpunkt des Beobachters. Es ist sehr wichtig, die Stimmung des Himmels genau zu erfassen, da diese den Charakter des Landschaftsbildes bestimmen wird.
Bedenken Sie bitte, daß die kräftigste Farbe des Himmels im Zenit zu finden ist, und daß sie fortschreitend nach unten schwächer wird, da die Atmosphäre zum Horizont hin dichter wird. Staub, Rauch, Luftfeuchtigkeit usw. können Veränderungen im Licht und eine allgemeine Trübung hervorrufen.

Die in ein quadratisches Gitter gesetzte Arbeitszeichnung. Beachten Sie die abgestuften Schattierungen.

Malanleitung

Größe: 170 x 170 mm; Papier: 135 g; Pinselgrößen: 00, 7, 10, Marderhaar; Malzeit: 3 Stunden.

1. Stufe
Der erste Schritt besteht darin, die allgemeine Stimmung des Bildes mit Hilfe der auszuwählenden Farbskala und der Analyse des Lichts festzulegen. Dies erfordert ein sorgfältiges Durchprobieren der Auswahl und Darstellung des Motivs vor Ihrem geistigen Auge, ehe Sie den Pinsel ansetzen. Fertigen Sie erst eine Skizze oder eine Arbeitszeichnung an, damit Sie sich über die Gestaltung klar werden können. Später kann es unmöglich sein, entscheidende Änderungen durchzuführen, wenn auch vielleicht einige Kleinigkeiten verbessert werden können. Wie sie sehen, ist in dieser Phase der Himmel fast vollständig dargestellt, nur kleinere Details werden später noch hinzugefügt. Obwohl die Abgrenzungen zwischen Himmel, Ferne und Vordergrund festgesetzt sind, zeigen sie keine harten Kanten. Um das zu erreichen, muß man das gesamte Blatt mit Ausnahme des hellsten Teils der Wolke anfeuchten. Doch achten Sie bitte darauf, daß es nicht zu naß wird, da sonst der Farbauftrag schwer zu kontrollieren ist. Mischen Sie für die jeweilige Fläche genug Farbe auf Ihrer Palette, und malen Sie, wie erwähnt, von oben nach unten. Ehe es weitergeht, sollten Sie die Farben vollständig trocknen lassen.

2. Stufe
Das Ziel ist jetzt, den Himmel etwas mehr auszuarbeiten und die fernen Hügel anzudeuten. Befeuchten Sie den Himmel über der Wolke mit einem Schwamm oder einem sauberen Pinsel. Dann fügen Sie dem Himmel etwas kräftigeres Blau und der Wolke kräftigere, dunklere Farben hinzu, um ihr mehr Körper zu geben. Jetzt wenden Sie sich den Hügeln in der Ferne zu, Sie können sie mit einem gebrochenen Blauton andeuten. Rechts und links der Wolkenbasis befeuchten Sie das Papier und lassen die Hügel dort verlaufen, während sie in der Bildmitte schärfer hervortreten.

3. Stufe
Als nächstes werden die dunklen Bäume im Mittelgrund vorläufig dargestellt, ebenso die undeutliche Baumgruppierung rechts vor den fernen Hügeln. Dabei müssen die Konturen für die Häuser ausgespart bleiben. Auch das Buschwerk im Vordergrund wird jetzt hinzugefügt. Die Farben behalten ihre sanften Töne, und wo nötig, sollten Sie das Papier vor dem Farbauftrag befeuchten.

4. Stufe
In dieser Phase werden die Häuser und Bäume im Mittelgrund stärker akzentuiert. Wenn Sie das Papier unter den Bäumen leicht anfeuchten, werden nur die oberen Konturen scharf, und es sieht aus, als wüchsen sie aus einem Gewirr von Buschwerk und Unterholz. Wenn Sie hellere Dinge – etwa einige Mauern oder Zäune – im Bild haben wollen, empfiehlt es sich, sie vor eine dunklere Umgebung zu stellen. Schatten nur vorsichtig andeuten.

5. Stufe
Die meiste Arbeit ist nun getan, und nur wenig muß hinzugefügt werden – aber das wird entscheidend. Schauen Sie nun sorgfältig das gesamte Bild an, treten Sie auch einige Schritte zurück dabei. In dieser Phase kommt es nicht so sehr darauf an, noch weitere Einzelheiten hinzuzufügen, sondern es ist wichtiger, das Bild zu einer Einheit zusammenzubinden: hier eine die Komposition sprengende Passage zu dämpfen, dort eine zu schwache zu stärken. Nur dann werden die kleinen Einzelheiten, die wir so gern hinzufügen, ihren Teil zum Gesamteindruck des Bildes beitragen. Einen Windstoß können Sie durch die Darstellung einiger gebeugter Gräser mit dem ganz feinen Pinsel andeuten. Mit der scharfen Messerspitze schaben Sie die Konturen der Pferde aus dem Feld, ebenso die Masten im Mittelgrund und einige Zweige im Vordergrund.

5. Stufe – das fertige Bild.

Bäume und Blattwerk

Eines der größten Probleme der Aquarellmalerei ist das Malen von Bäumen und Blattwerk. Ihre Strukturen sind schon in der Natur verwickelt genug, und der unerfahrene Maler wird überwältigt durch den Reichtum an Einzelheiten und weiß nicht, wie er ihn im Bild wiedergeben soll. Ich kann mich noch lebhaft daran erinnern, wie ich selbst mit diesen Problemen gekämpft habe, und obwohl meine Lösungen nicht immer zufriedenstellend gewesen sind, kann ich hier vielleicht einige brauchbare Ratschläge geben. Es sind die Einzelheiten, mit denen man Schwierigkeiten hat.

Wahl des Gegenstandes
Der frühe Abend, wenn die Sonne niedrig steht, dürfte die beste Zeit sein. Tiefes Licht vereinfacht das Blattwerk, und dadurch können Sie einen besseren Gesamteindruck bekommen. Wenn Sie Bäume in einiger Entfernung wählen, fügen sie sich zu einer kompakteren Gruppierung zusammen (Corot hat diesen Einfall oft benutzt, wie er auch gern seine Bilder in ein frühabendliches Licht tauchte).

Technik
Es hilft Ihnen außerordentlich, wenn Sie erst eine oder mehrere Zeichnungen anfertigen, um das Problem besser ausloten zu können und um zu versuchen, seine Vielschichtigkeit im Geiste auf gewisse Grundmuster zu begrenzen, ehe Sie den Pinsel ansetzen. Wählen Sie ein Papier mäßigen Gewichts und mittlerer Oberfläche, nicht zu saugend. Behandeln Sie es, wie im Kapitel „Papier" beschrieben. Den Pinsel nicht zu naß ansetzen, da die Farben sonst schwer zu kontrollieren sind – sie verlaufen zu leicht. Beachten Sie bitte, daß in einem Gegenstand, der deutlich durch dunkle und helle Flächen gekennzeichnet ist, die verschiedenen Tönungen auch deutlich wiedergegeben werden müssen: sie dürfen nicht ineinanderfließen. Beachten Sie ferner bitte die allmählichen und doch wahrnehmbaren Farbübergänge innerhalb eng begrenzter Flächen. Und bedenken Sie, daß der Pinsel eine Art Zeicheninstrument ist, und die einzelnen Pinselansätze die Gesamtheit dessen formen, das Sie darstellen wollen.

Eine Kompositionszeichnung, um das Gleichgewicht zwischen massigen Bäumen und zarterem Blattwerk festzulegen.

Malanleitung

Größe: 170 x 170 mm; Papier: 135 g; Pinselgrößen: 00, 7, 10, Marderhaar; Zeit: 4 Std.

Bemerkungen zum Demonstrationsaquarell
Das Aquarell wurde an zwei Morgen an einem Parkeingang im späten März gemalt. Es waren Tage mit hellem Sonnenschein, verhältnismäßig warm, und es wehte ein leichter Wind.
Ich fertigte eine Zeichnung an, um einige Elemente der Vorlage auszusortieren. Sie bestand im wesentlichen aus einem recht verwilderten Buchsbaum und einer dunklen, ebenmäßigen Eibe. Diese massigen Formen kontrastierten mit den mehr linearen Formen der Lärchen und Birken hinter ihnen sowie mit den Akzenten, die von den Lorbeerblättern und anderen Einzelheiten gebildet wurden.

1. Stufe
Die Vielfältigkeit des Themas erfordert einige vorbereitende Richtlinien. Deuten Sie deshalb die Plazierung der wichtigsten Umrisse von Weg und Bäumen mit einigen leichten Bleistiftstrichen auf dem Aquarellpapier an. Diese Skizze überziehen Sie dann mit den Grundfarben von Himmel und Bäumen, wobei die Begrenzung durch Naß-in-Naß-Malen ineinander übergehen sollte. (Doch nicht zu naß malen!) Flächen, auf denen später helles Laubwerk dargestellt werden soll, sparen Sie aus. Diese Phase will erst die allgemeine Stimmung des zukünftigen Bildes festhalten.

2. Stufe
Wenn die Farben ziemlich getrocknet sind, fangen Sie mit den markantesten Formen an, d. h., Sie malen die Bäume, wobei Sie recht gedämpfte Farben benutzen und dem Lichteinfall folgen. Die Farbe der Schatten nähert sich dem Violett, während die hellen Flächen in den warmen, goldenen Komplementärfarben leuchten. Deuten Sie auch schon die nach links geworfenen Schatten der Baumstämme an, Sie bekommen dadurch mehr Tiefe in Ihr Bild, wie auch durch die dunkleren Lorbeerblätter im Vordergrund.

Benutzte Farben: Kadmiumgelb, Siena natur, Hellrot, Preußischblau, Indigo, Violett.

3. Stufe
Nun malen Sie die Stämme der Bäume im Hintergrund und fügen dem großen Buchsbaum im Vordergrund mehr Einzelheiten zu, wobei Sie sich auf die Darstellung der Schatten im Laubwerk konzentrieren. Wo es nötig ist, müssen im Bild die Farben verstärkt werden.

4. Stufe
Verstärken Sie jetzt die Bäume im Hintergrund, und vertiefen Sie die Schatten durch dunklere Farben. Bei der Eibe in der rechten Bildmitte erreichen Sie dadurch zugleich eine Betonung des hellen, vor ihr stehenden Baumstamms. Und malen Sie jetzt die restlichen Lorbeerblätter im Vordergrund, und mit einem scharfen Messer können Sie auf dem Weg Lichtflecken herausschaben.

5. Stufe
Mit dem feinsten Pinsel werden Einzelheiten dem Laubwerk hinzugefügt. Wenn Sie wollen, können Sie mit dem Messer einige blasse Laubstengel einritzen. Die Amsel habe ich gemalt, um im Bild etwas Bewegung zu bekommen.
Ich bin mit dem Bild nicht recht zufrieden. Der Hintergrund ist nicht geheimnisvoll genug, und den Lorbeerblättern fehlt es an Deutlichkeit.

1. Stufe

2. Stufe

3. Stufe

4. Stufe

5. Stufe – das fertige Bild.

Architektonisches

Weil Bauwerke eine unendliche Vielfalt von Formen, Farben und Oberflächen besitzen, geben sie Ihnen reichlich Gelegenheit zu malerischen Übungen. Ich möchte Ihnen empfehlen, mit einer einfachen Vorlage anzufangen, die aber dennoch für Sie von gewissem Interesse ist.
Sie werden sich mit der Wiedergabe der Struktur auseinanderzusetzen haben, weshalb Ihre Zeichenkünste herausgefordert werden – und außerdem sind auch die Grundprobleme der Perspektive zu beachten. Beim Malen eines Gebäudes sind zwei Punkte zu berücksichtigen: Erstens muß das Gebäude in seinen richtigen Proportionen und dem richtigen Größenverhältnis in bezug auf seine Umgebung wiedergegeben werden – dieses ist der zeichnerische Blickwinkel. Zweitens haben wir die innere Verwandtschaft von Farbe, Oberfläche und Licht sowie auch die bloße körperhafte Gegenwart – dies ist die maltechnische Seite. In der Praxis sind natürlich diese beiden Blickwinkel untrennbar.

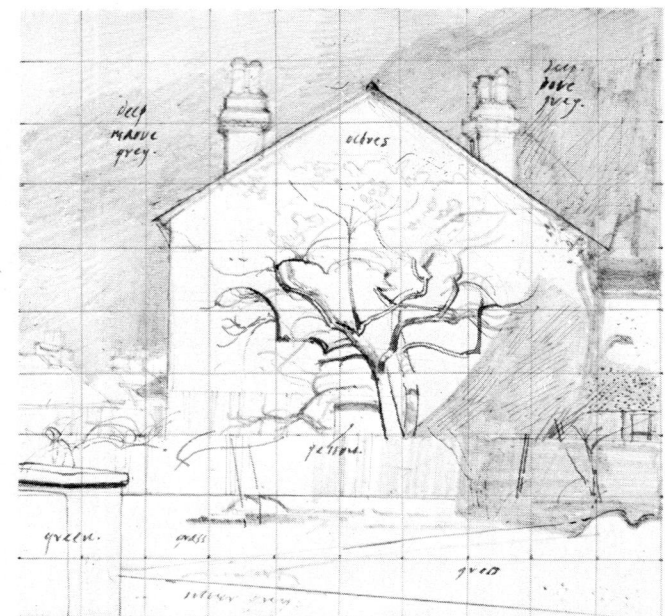

Eine Arbeitszeichnung. Ich habe die Farben vermerkt, da sich das Winterlicht so schnell verändert. Auf dem Aquarell fügte ich am linken Bildrand den dunklen Baum hinzu und nahm andere kleine Veränderungen vor, um dem Bild ein besseres Gleichgewicht zu geben. Für die Zeichnung brauchte ich zwei Stunden.

Malanleitung

Größe: 170 x 170 mm; Papier: 135 g; Pinsel: 00, 7, 10, Marderhaar; Arbeitszeit: 3 Stunden.

Bemerkungen
Um die Probleme aufzeigen zu können, habe ich einen einfachen Gegenstand gewählt, die Giebelseite eines Hauses in einer abgelegenen Straße.
Es war ein Tag spät im Februar, zwischen 11.00 und 12.30 Uhr. Das Wetter war mild, es drohte zu regnen, die Sonne schien zeitweilig kräftig von rechts; schwere, graue Wolken bildeten einen dramatischen Hintergrund zum ockerfarbenen Putz des Hauses. Das schwere Gebäude bildete einen starken Gegensatz zum zarten Flechtwerk des Apfelbaumes, und im Vordergrund wurden Akzente gesetzt durch die scharfen Schatten eines rechts außerhalb des Bildes stehenden Hauses.
Ich machte an Ort und Stelle eine Zeichnung, fügte Hinweise auf die Farben ein und malte das Aquarell danach.
Im wesentlichen bestehen die Farben aus einem einfachen Komplementärschema Gelb/Violett und, im Zaun und im Vordergrund, Rot/Grün. Die Farben sind zurückhaltend, das Gelb hauptsächlich ein Ocker und das Violett ein weiches Taubengrau.

1. Stufe
Zeichnen Sie mit dünnen, leichten Bleistiftstrichen die Umrisse direkt auf das Aquarellpapier, diese werden mit den hellsten, sehr verdünnten Hauptfarben überzogen. Allgemein sollte diese erste Phase noch sehr hell sein und das Licht des Himmels und des Vordergrunds eine Einheit bilden. Auch sollte jetzt schon eine Andeutung des Gleichgewichts zwischen warmen und kalten komplementären Farben festzustellen sein. Versuchen Sie bereits jetzt, die allgemeine Stimmung und den Einklang des Bildes festzulegen. Gebrauchte Farben: Siena natur, Orange, Indigo und Kobaltblau.

2. Stufe
Stellen Sie schon in dieser Stufe den Himmel dar, um so die Frische in der Ausführung des Bildes bewahren zu können. Malen Sie auch die dunkle Masse der Eibe an den linken Rand, sie liefert Ihnen eine Art Schlüssel für die schattigen Passagen des Bildes. Wenn Sie die Giebelwand ausarbeiten, können Sie mit einem nur ganz wenig befeuchteten Pinsel die hellen Partien, wo der Putz abgeblättert ist, mit etwas Deckweiß einfügen. Solange noch die Farben feucht sind, sollten Sie auch die dunklen Partien vorn links fertigstellen. Doch Sie müssen darauf achten, daß die Farben nicht zu schwer oder zu unruhig werden.

3. Stufe
Malen Sie nun die scharfen Schatten vorn rechts. Durch das Ausarbeiten und Betonen des Bretterzaunes erhält das Bild mehr Einheit: er verbindet die rechten und linken Flächen. Überhaupt ist es wichtig, in dieser Phase die großen Elemente der Komposition zusammenzufügen, um ein Auseinanderfallen zu vermeiden.

4. Stufe
Das meiste haben Sie getan. Die Dachkanten nicht vergessen, und dann fügen Sie den Apfelbaum hinzu und deuten einige Bretter im Zaun an durch senkrechte Striche auf die ziemlich trockene Grundfarbe. Diese interessanten Akzente bestimmen, welchen Grad von Realismus das Bild erhält – und der ist freilich auch abhängig von Ihrem persönlichen Geschmack und Ihrem Können. Aber trösten Sie sich, wenn nicht alles gleich erstklassig wird: auch Dürer mußte erst in die Lehre gehen, und wieviel eher ein Hobbymaler!

5. Stufe
Noch ein paar Kleinigkeiten hinzufügen – Schornsteine, eine Tür usw., wobei Sie darauf achten müssen, daß sie im richtigen Verhältnis zum Haus bleiben. Zum Schluß sehen Sie sich das Bild noch einmal sehr kritisch an, hier und da eine Farbe vielleicht etwas verstärken – und das Aquarell ist fertig.

1. Stufe

2. Stufe

3. Stufe

4. Stufe

5. Stufe – das fertige Bild.

Wasser

Das Darstellen von Wasser ist eine der fesselndsten Aufgaben für den Aquarellmaler. Seine Durchsichtigkeit, Klarheit und veränderliche Stimmung erlauben es dem Maler, die Möglichkeiten der Wasserfarben voll auszunutzen. Natürlich gehen mit seinem verführerischen Reiz die Schwierigkeiten Hand in Hand, deshalb fangen Sie am besten mit einem einfacheren Bild an.

Der Gegenstand
Ich malte das Bild eines Nachmittags früh im März, an einem Tag mit kräftigem Wind, der einen schnellen Wechsel von hellem Sonnenschein und kurzen, heftigen Regenschauern brachte. Das Aquarell wurde vollständig nach der Natur gemalt, an einem Teich, der an drei Seiten von einem dunklen Wald aus Birken, Eichen und Eschen umgeben war. Weiche, verwischte, warme Farbstreifen lagen über dem Teich, wo das Schilf und die Binsen wuchsen. Das gedämpfte Licht, die dunklen Wolken und das matte Blau des Himmels wurden im Teich reflektiert, und dann und wann wurde die Oberfläche durch einen Windstoß, der durch die Bäume pfiff, gestört. Die dunkle Wand des Waldes im Hintergrund und die blendenden Lichtreflexe im Vordergrund bildeten einen äußerst kräftigen Kontrast.

Ich fand, daß ich das Bild mit nur drei Farben malen konnte: Indigo, Hellrot und Orange. Ich habe einige Vorbehalte dem Orange gegenüber. Ich arbeite gern damit, aber es ist sehr kräftig, und es kann trügerisch und gefährlich sein. Ich gebrauchte zwei Marderhaarpinsel Größe 10 und 7. Beide waren elastisch und hatten so gute Spitzen, daß ich mit ihnen selbst feine Details, wie etwa die Stengel der Binsen, malen konnte.

Bemerkungen zum Bild
Zur Demonstration wählte ich einen Ausschnitt des Teiches, und das brachte einige Probleme mit sich: die vielfältige Tiefe der Farben und die Transparenz, die glatte Oberfläche, die manchmal gekräuselt wurde durch den Wind oder ein Bleßhuhn. Ein weiteres Problem war gegenüber die niedrigstehende Wintersonne, die glitzernde Reflexe links im Vordergrund hervorrief. Technisch schwierig war es, umgrenzte helle Flecken innerhalb dunkler Flächen darzustellen, Naß-in-Naß zu malen und dabei schon trockene Pinselstriche anzubringen oder auch die Kombination zwischen großflächigem, dünnen Farbauftrag und scharfen Einzelheiten.
Kurz – das Motiv bot fast alle technischen Schwierigkeiten der Aquarellmalerei.

Malanleitung

Größe: 170 x 170 mm; Papier: 135 g; Pinsel: 7, 10, Marderhaar; Arbeitszeit: etwa 2½ Stunden.

1. Stufe
Bei diesem Thema ist es von großer Bedeutung, schon gleich zu Beginn die Stimmung, die Art des Lichts und den allgemeinen Zusammenhang einzufangen. Im wesentlichen sind es kühle, dunkle Farben, die durch wärmere Passagen im Schilf und durch das glitzernde, kontrastierende Licht der reflektierten Sonne unterbrochen werden.
Befeuchten Sie zunächst das gesamte Blatt mit Ausnahme der hellen Partie am Himmel und dort, wo sich das Sonnenlicht spiegelt. Wie vorher schon erwähnt, sollte man am oberen Bildrand beginnen und kühle, verdünnte Farben auftragen und auf dem Weg zum unteren Bildrand sanft zu den anderen Farben übergehen.

2. Stufe
Nun gilt es, etwas Form in die verwaschenen Farben zu bringen und den Ort genauer zu beschreiben. Bringen Sie Lichtreflexe in das Wasser im Vordergrund, indem Sie einen gefalteten, sauberen und trockenen Lappen vorsichtig auf die entsprechenden Partien drücken, solange die Farben noch feucht sind. Da dies ein etwas heikles Vorgehen ist, sollte man es vorher üben.
Nachdem das Blatt getrocknet ist, kann dem schattigen Wald am jenseitigen Teichufer mehr Form gegeben werden. Mit einem dunkleren Gemisch aus Indigo und Hellrot deuten Sie den Umriß an, wobei Sie sorgfältig darauf achten müssen, daß der helle Fleck am Himmel und die Birkenstämme ausgespart bleiben. Mit demselben dunklen Gemisch deuten Sie die Streifen auf dem Wasser an.

3. Stufe
Ich hielt es für erforderlich, jetzt die Farbtöne des Wassers zu verstärken – vielleicht auch Sie? Wenn ja, sollten Sie sicher sein, daß das Papier gut getrocknet ist, sonst erscheinen häßliche, ausgebleichte Partien. Dann das Papier befeuchten mit einem Pinsel oder Schwamm (sauberes Wasser nehmen!) und mit schnellen Strichen die Farbe gleichsam aufschwemmen, dabei die Blattoberfläche ganz vorsichtig behandeln, keinesfalls aufrauhen. Dieses Vorgehen mag widersprüchlich klingen, aber als allgemeine Regel kann gesagt werden, daß es weitaus sicherer ist, den einen Farbauftrag trocknen zu lassen, das Papier von neuem zu befeuchten und dann die nächste Farbe aufzuschwemmen. Wenn Sie mir nicht glauben, versuchen Sie's. Sie werden sehen.
Die Rohrkolben können Sie nun auch einfügen; lassen Sie die Stengel im Feuchten verschwinden, damit sie sich nicht zu sehr in den Vordergrund drängen.

4. Stufe
Jetzt sind Sie soweit, die gekräuselte Wasseroberfläche zu gestalten. Aber ehe Sie damit anfangen, sollten Sie sich das Geschehen auf dem Wasser aufmerksam ansehen. Sie werden ein gewisses Muster bemerken können. Es gibt größere, tiefere Bewegungen der Oberfläche, die von kleineren Kräuselungen überlagert werden, und beide haben eine rhythmische Wechselwirkung. Wenn Sie nach der Natur malen, ist eine der Voraussetzungen, daß Sie Ihre Arbeit auf gute, genaue Beobachtung gründen.
Die unterbrochenen Lichtstreifen können Sie mit der scharfen Spitze eines Federmessers freischaben.

5. Stufe
Eine deutliche Trennung zwischen dieser Stufe und der vorhergehenden gibt es nicht. Die Hauptaufgabe ist nun, dem Bild einen möglichst großen Zusammenhang zu geben.
Die dunklen Spiegelungen im Vordergrund noch etwas verstärken. Um das Licht, das über den entfernten Bäumen im Hintergrund hervorbricht, zu verdeutlichen, können Sie, falls nötig, wieder das Messer benutzen. Einen guten Effekt ruft die Linie hellen Lichtes über den Baumspitzen hervor, ebenso die Lichtpunkte auf den Rohrkolben. Dann vielleicht noch einige scharfe Reflexe im Vordergrund, und Sie können Ihre Arbeit beenden.

1. Stufe

2. Stufe

3. Stufe

4. Stufe

5. Stufe – das fertige Bild.

Wie mache ich weitere Fortschritte

Aquarellmalerei, wie jede andere Form der bildenden Kunst, verlangt Hingabe, Liebe und geduldiges Üben. Je mehr Zeit und Überlegung Sie ihr zuwenden, um so besser wird Ihr Aquarellieren. Und in diesem Fall ist Überlegung wichtiger als Zeit, denn Ihre Fortschritte hängen weniger von der Zahl der Übungsstunden ab, als von der sinnvollen Richtung, die Sie Ihren Malübungen geben.

Zeichenübungen
Der alte Fachausdruck „Aquarellzeichnung" ist eigentlich genauer als die Bezeichnung „Aquarellmalerei". Im Grunde werden die in der Malerei wesentlichen Formen spontan mit dem Pinsel geschaffen. Der Pinsel gibt dem Bild Persönlichkeit und Ausdruck. Ich möchte Ihnen deshalb den Rat geben, so viel und so oft wie möglich zu zeichnen. Am besten in einem Skizzenbuch, dann haben Sie die Möglichkeit, Ihre Fortschritte zu verfolgen. Nehmen Sie die verschiedensten Zeichenutensilien – Kohle, Kreide, Bleistift – mit dem Ziel, Ihre Darstellung so einfach und deutlich wie möglich zu gestalten. Sie sollten sich auch darin üben, mit dem Pinsel zu zeichnen. Nehmen Sie eine Grundfarbe, Sepia oder ein Grau, und versuchen Sie, Ihren Gegenstand so direkt und kraftvoll zu gestalten wie Sie können – ohne jedoch grob zu werden.
Vorbereitende Zeichnungen und Hinweise sind außerordentlich hilfreich beim Aussuchen der wesentlichen Elemente für den Entwurf und bei der Verwirklichung Ihrer Vorstellung vom geplanten Bild.

Farbe und Tönung
Die Fadheit vieler Aquarelle wird hervorgerufen durch einen Mangel an Gleichgewicht zwischen Pigment und Wassermenge. Folgende Übung empfehle ich: Nach der Vorbehandlung eines Blattes Aquarellpapier, wie auf Seite 6 beschrieben, wählen Sie irgendeine Farbe und malen mit ihr einen Pinselstrich in der größtmöglichen Pigmentkonzentration. Jeden weiteren Pinselstrich mit einer immer größer werdenden Menge Wasser, so daß Sie von einer kräftigen, deckenden Farbe zu einer blassen, durchsichtigen gelangen. Sie sollten sich Zeit dabei lassen, damit jeder Strich trocknen kann. Wenn Sie diese Übung oft genug wiederholt haben, können Sie schließlich mit einiger Sicherheit den Farbton voraussagen, den Sie nach Verdunsten des Wassers auf dem Blatt zurückbehalten. Dann den umgekehrten Weg gehen, von blaß nach kräftig. Experimentieren Sie auch mit der Größe der Fläche: kleine vermitteln einen anderen Eindruck als große.
Wenn Sie Sicherheit im Beurteilen bekommen haben, wie die Farbe nach Verdunsten des Wassers aussieht, gehen Sie zur nächsten Übung: Malen Sie Skizzen und Studien mit dem Pinsel direkt nach der Natur. Dabei sollten Sie versuchen, jeden einzelnen Pinselstrich bewußt und kontrolliert zu machen und dabei die Form oder Entfernung durch eine fortschreitende Entwicklung der Farbwerte aufzubauen.

Studien
Studieren Sie die Beispiele, die gute Künstler geben. Betrachten Sie z. B. Emil Noldes Aquarelle, um zu lernen, in welch starkem Maße eine bewußte Einschränkung der Farbwerte den Bildern Kraft und Eindeutigkeit gibt. Die lavierten Federzeichnungen von Rembrandt oder Claude Lorraine zeigen Ihnen deutlich, welch ein unglaublich beredter Ausdruck in einfachen Pinselstrichen liegen kann. Versuchen Sie sich darauf zu konzentrieren, was die Künstler ausdrückten, nicht nur auf das Wie.

Malen im Freien

Weil sie selbst kleine Veränderungen des Lichts und der Atmosphäre wiedergeben kann, ist die Aquarellmalerei besonders gut für das Malen nach der Natur geeignet, ob es sich nun um schnelle Studien oder längere Arbeiten handelt. Deshalb mag es für Sie von Nutzen sein, wenn ich einige der damit verbundenen Probleme darlege.
Ich habe den Eindruck, daß die Schwierigkeiten der meisten Aquarellschüler weniger auf der Technik als vielmehr auf dem Wahrnehmungsvermögen beruhen, und deshalb betreffen meine Ratschläge auch mehr die grundsätzliche Einstellung zur Landschaftsmalerei als die Technik.

Die Wahl des Gegenstandes
„Wir sehen nichts, wie es wahrhaft ist, bis wir es verstehen" (John Constable). Wählen Sie einen Landschaftsausschnitt, den Sie interessant finden, am besten einen, den Sie gut kennen. Versuchen Sie, ein Gefühl für ihn zu bekommen, gehen Sie in ihm spazieren, wenn möglich. Finden Sie seine typischen Eigenheiten heraus, und zählen Sie sie auf: Höhen, Ebenen, Umrisse, Entfernungen, Art und Größe der Gewächse, Gebäude und ihre Größenverhältnisse.
Beobachten Sie das Licht: seine Qualität, wie es den Gegenstand heraushebt, Richtung und Höhe der Sonne, Tageszeit, Wetterbedingungen, Windrichtung, Bewegung der Wolken. All diese Dinge haben wahrscheinlich – bewußt oder unbewußt – einen Einfluß auf Ihre Wahl des Gegenstandes gehabt.
Welches ist der wichtigste Gesichtspunkt? Was möchten Sie ausdrücken? Eine Idee davon mag Sie ganz plötzlich überkommen oder sich langsam entwickeln, wachsen und sich verändern. Wie kann ich diese Idee eines Bildes am besten verwirklichen? Hängt die Verwirklichung von einer bestimmten Tageszeit oder von einem bestimmten Licht ab? (Oft ist dies der Fall.) Wenn ja, von welchem Licht und in welchem Grad? Wo stehen die wesentlichen Formen und Gruppierungen? Was ist für Ihre Idee ohne Bedeutung?
Betrachten Sie ebenso die Farben. Ist im Thema ein Farbschema verborgen? (So kann z. B. der Gegenstand im wesentlichen warme oder kalte Farben oder ein Gemisch von beiden enthalten.) Welche Farbe herrscht vor und welche tritt weniger hervor, und wie ist das Verhältnis beider zueinander? Eine andere Frage: Welches Papier nehmen?

Einige grundsätzliche Ratschläge
1. Bereiten Sie Ihr Aquarellpapier vor wie zuvor beschrieben.
2. Wählen Sie das Papierformat mit Rücksicht auf Ihr geplantes Bild – nehmen Sie kein Blatt nur deshalb, weil es zufällig übrig geblieben ist.
3. Wählen Sie einige passende Farben, und nehmen Sie nicht zu viele. Erinnern Sie sich, wie viel Farben man durch Mischen und Abschwächen einiger weniger Farben erhält?
4. Konzentrieren Sie sich auf die einfache Grundstruktur. Beachten Sie, wie die kleinen Strukturen sich zu den großen verhalten.
5. Geben Sie nur das wieder, was Sie in dem gewählten Ausschnitt wirklich finden, erfinden Sie nichts Neues hinzu. (Mit Ausnahme vielleicht von einer oder zwei Figuren, um Weite ins Bild zu bringen.)
6. Beenden Sie das Bild, wenn Sie das ausgedrückt haben, was Sie wollten.

Ausrüstung
Man sollte darauf achten, eine einfache und leicht zu tragende Ausrüstung zu besitzen. Was Sie sich nach und nach anschaffen, hängt natürlich weitgehend von Ihrer eigenen Auswahl und den jeweiligen Erfordernissen ab. Ich schlage folgendes vor:

1. Eine Staffelei, auf der ein Aquarellkarton oder das Aquarellpapier fast horizontal befestigt werden kann.
2. Vorbehandeltes Papier bzw. vorbehandelter Karton.
3. Eine sorgfältig ausgewählte Reihe von Farben. Man bewahrt sie am besten in einem Malkasten auf, den es leer oder mit Farben gefüllt zu kaufen gibt. Ferner ein oder zwei große Mischpaletten (manche Malkästen enthalten bereits Paletten). Neben Holzpaletten gibt es solche aus Kunststoff und Blech, beide mit kleinen Vertiefungen.
4. Einige Pinsel guter Qualität.
5. Ein kleiner Schwamm.
6. Eine nicht zu kleine Wasserkanne und ein Glas.
7. Reichlich saubere Lappen.
8. Zeichenmaterial.
9. Skizzenbuch.

Der Autor

Leslie Worth lebt in Surrey. Er studierte am Royal College of Art, war mehrere Jahre Kunstlehrer und Direktor des Fine Art Department der Epsom School for Art and Design, Surrey. Er ist aktives Mitglied der Royal Society of Painters in Watercolours und der Royal Society of British Artists.

CIP-Kurztitelaufnahme der Deutschen Bibliothek

Malen mit Aquarellfarben. –
Freiburg i. Br.: Christophorus-Verlag.
(Kleine Malschule)

1. Einführung/Leslie Worth. [Übers. und Red.: Joachim und Theda Schulze-Langendorff]. – Dt. Lizenzveröff., Neuausg., 1. Aufl. – 1992
ISBN 3-419-53091-9

© 1992 Search Press Ltd., London.

Deutsche Lizenzveröffentlichung der englischen Originalausgabe:
© 1992 Christophorus-Verlag GmbH, Freiburg i. Br.
Übersetzung und Redaktion:
Joachim und Theda Schulze-Langendorff
Alle Rechte vorbehalten – Printed in Spain

Jede gewerbliche Nutzung der Arbeiten und Entwürfe ist nur mit Genehmigung des Urhebers und des Verlages gestattet. Bei Anwendung im Unterricht und in Kursen ist auf dieses Heft der Kleinen Malschule hinzuweisen.

Für Sie haben wir noch mehr praktische Bücher. Zum Thema Malen und Zeichnen, aber auch zu anderen schönen Hobbys.

Lernen Sie diese Bücher kennen. So einfach ist es: Schicken Sie eine Postkarte an den Christophorus-Verlag Hermann-Herder-Straße 4, D-7800 Freiburg. Oder rufen Sie uns an: 0761-2717262. Unser Katalog kommt postwendend.

Für Sie sind wir auch da, wenn Sie Fragen haben. An unsere Autorinnen und Autoren, zu den Anleitungen oder zu den Materialien. Ihre eigenen Ideen und Anregungen interessieren uns. Denn wir lernen gern von unseren Lesern. Also schreiben Sie uns bitte.

Das sind unsere beliebten und erfolgreichen Reihen:

Malen wie die Meister

Kompaktkurse Malen und Zeichnen

Kleine Malschule

Kleine Zeichenschule

Kunstwerkstatt Seide

Hobby & Werken

Brunnen-Reihe